LE
PREMIER LIVRE
DE
L'ENFANT

PAR
V. CHOMEL, de Lille.

Rendons la lecture attrayante par des explications faites à propos.

DEUXIÈME PARTIE.

1° Articulations doubles devant { les voyelles. / des sons.
2° Syllabes inverses et consonnantes.

A l'Elève

DEUXIÈME PARTIE

Articulations doubles devant les voyelles.

N° 36. — Tableau 5ᵉ.

	i	o	u	e	a	é
bl	bli	blo	blu	ble	bla	blé
pl	pla	pli	plé	plo	plu	ple
cl	clo	cle	cla	cli	clu	clé
fl	flu	fla	fli	flo	flé	fle
gl	gla	gli	glé	gle	glu	glo
st	sti	sté	sto	stu	sta	ste

N° 37. — Applications.

Blé   plat   pli   pluie   clé
clos   flot   flux   glas   glue

1. Ou bli, dou blé, blâ mé, ta ble
2. plu me, pli é, pla ne, pla fond
3. on cle, cli ché, bou clé
4. flû te, gon flé, flè che, Flo re
5. sei gle, on gle, rè gle, gla né
6. sto re, stè re, sta tue, sty le

N° 38. — Phraséologie.

78 Un champ de blé.
79 Une boîte de plumes.
80 Un tas de sable.
81 Un plat d'étain.
82 Un stère de bois.
83 Un plafond taché.
84 Une plume d'oie.
85 Une table d'acajou.
86 Un store de coton.
87 Une règle plate.

N° 39. — Phraséologie.

88 Une flèche emplumée.
89 Une table de sapin.
90 Une flûte d'ébène.
91 Une robe doublée.
92 Un store de toile.
93 Un plafond fendu.
94 La cloche a tinté.
95 Léon a glané dans le champ de son oncle.
96 Coralie a la joue toute gonflée.
97 L'enflure diminuera pendant la nuit.

N° 40. — Articulations doubles (suite).

	i	o	u	é	e	a
br	bri	bro	bru	bré	bre	bra
pr	pra	pre	pré	pri	pro	pru
dr	dre	dré	dri	dro	dru	dra
tr	tra	tri	tre	tro	tré	tru
vr	vre	vré	vri	vro	vru	vra
fr	fré	fri	fro	fru	fra	fre
cr	cra	cre	cré	cri	cro	cru
gr	gré	gri	gro	gru	gra	gre

N° 41. — Applications.

1 Sa bre, bra ve, bri de, bro che
2 pré la*t*, prê té, pro fi*t*, pru ne
3 dra me, dra gon, pou dre
4 trè fle, tré pas, tré ma, trô ne
5 li vre, chè vre, liè vre
6 frè re, fra ca*s*, fri pon
7 crâ ne, crê me, cri ble, cri me
8 gra vé, gra de, gra din, grê le

N° 42. — Phraséologie.

98 Du su cre can di.
99 U ne ta che d'en cre.
100 U ne bri de de sa bot.
101 U ne ri viè re pro fon de.
102 Un gros mou ton.
103 Ton dre un mou ton.
104 De la com po te de pru nes.
105 Vi vre à la cam pa gne.
106 U ne cru che fen due.

N° 43. — Phrases.

107 Ma mè re pré pa re tous les re pas.
108 Lé on a sui vi le con voi fu nè bre.
109 L'i vro gne rie rui ne la san té.
110 Le chat dé truit les rats et les sou ris.
111 Vi vre loin de sa pa trie.
112 Ou vre ta fe nê tre le ma tin pen dant l'é té.
113 La so bri é té est la mè re de la san té.

N° 44. — Récapitulation du N° 36.

MOTS DE TROIS SYLLABES.

1. É ta bli, dou blu re, ca pa ble
é ta ble, cou pa ble, dia blo tin
2. pla ti ne, pla nu re, pla nè te
pla ta ne, di plô me, dé plu mé
3. pan tou fle, ra clu re
4. clô tu re, en clu me, mi ra cle
5. gla nu re, dé ré glé, é pin gle
6. sté ri le, stu pi de

N° 45. — Récapitulation du N° 40.

MOTS DE TROIS SYLLABES.

7. Bra vou re, bro de rie, brû lu re
8. pra li ne, pro fi té, pro bi té
9. pré fé ré, pri è re, dra pe rie
10. tra pè ze, poi tri ne, tri an gle
11. tri ni té, i vro gne, ou vra ble
12. fri tu re, fri pe rie, fre la té
13. cra va te, cra va che, cri blu re
14. dé gra dé, gra vi té, in con gru

N° 46. — Phraséologie.

114 Un en fant cou pa ble.
115 U ne con dui te dé ré glée.
116 U ne cra va te de soie.
117 Un champ sté ri le.
118 U ne é ta ble à va ches.
119 U ne dou blu re so li de.
120 Un pa ra pluie de co ton.
121 U ne clô tu re de bois.
122 Un prê tre cha ri ta ble.

N° 47. — Phraséologie.

123 U ne é pin gle de prix.
124 Un en fant stu pi de.
125 Un coup de cra va che.
126 U ne pa ro le in con grue.
127 U ne brû lu re sans gra vi té.
128 U ne ri che bro de rie.
129 La fê te pa tro nale.
130 L'i vro gne se dé gra de et rui ne sa san té.

24 Articulations doubles devant des sons.

N° 48. — Tableau 6ᵐᵉ.

	ou	an	in	on	oi
bl	blou	blan	blin	blon	bloi
pl	plan	plin	plan	ploi	plou
cl	clin	clan	cloi	clou	clon
gl	glou	gloi	glan	glin	glon

N° 49. — Applications.

Blanc   blond   Blois   plain
plein   plan   plomb   flan
clin   clou   gland

MOTS DE PLUSIEURS SYLLABES.

1. Blan che, blan chi, blan-chi rie, blon din
2. plan che, plain dre, plain te plain-chant, plom biè re
3. dé clin, clou é, clou te rie
4. glan de, san glant, glou ton gloi re

N° 50. — Phraséologie.

131 U ne   ro be   blan che.
132 Un   com bat   san glant.
133 U ne   plan che   de   sa pin.
134 U ne   blon de   che ve lu re.
135 Le   dé clin   de   la   vie.
136 U ne   plain te   a mè re.
137 La   clou te rie   a   brû lé.
138 Du   sa von   blanc.
139 É vi te   le   scan da le.

N° 51. — Phrases.

140 La sè ve est le sang des plan tes.
141 Le loup est glou ton.
142 Ton père a plan té un ro ma rin.
143 Léon a é tu dié le plain-chant.
144 L'en fant va se plain dre à sa mè re.
145 Louis a chè ve ra la plom biè re.
146 Ma mè re fe ra du flan.
147 Un clou a dé chi ré ma ro be.
148 Le glou ton rui ne sa san té.
149 Le chê ne pro duit le gland.
150 Le ma la de est clou é dans son lit

N° 52.

	ou	an	in	on	oi
br	brou	bran	brin	bron	broi
pr	prin	pron	proi	prou	pran
dr	droi	drin	dron	dran	drou
tr	trou	tron	trin	troi	tran
fr	fran	froi	frou	frin	fron
cr	cran	cron	crou	croi	crin
gr	groi	gran	gron	grin	grou

N° 53. — Applications.

Brou proie droit trou train
trois franc froid front frein
cran crin croix grand grain

1 Bran che, bron zé
2 prou vé, pren dre, prin temps
3 ca dran, a droit
4 tran che, trem blé, trom pé
5 fran che, froi de, fron ton
6 é crou, croû ton, crou pion
7 gran de, grou pe, cha grin

N° 54. — Phraséologie.

151 Un matelas de crin.
152 Une statue de bronze.
153 Une grande bouche.
154 Une tranche de pain.
155 Un enfant de troupe.
156 Un tronc d'arbre.
157 La main droite.
158 Une poitrine étroite.
159 Une tranche de melon.
160 Une croûte de pain.
161 Craindre le froid.
162 Prendre le train de Paris.

N° 55. — Phrases.

163 Coupe-moi une tranche de pain.
164 André a fendu le cadran de sa montre.
165 Une louve farouche a étranglé mon mouton.
166 Console ton frère dans le chagrin.
167 Coupe-toi un patron de robe.
168 Le printemps ranime la nature.
169 Coralie a suivi le chemin de la croix.
170 Marie a une figure franche et agréable.

TROISIÈME PARTIE
Syllabes inverses et consonnantes.

N° 56. — Tableau 7e.

ar   **ir**   **or**   **ur**

ar bar par mar dar tar var
far lar nar jar sar car
gar char zar

ir pir mir nir dir rir

or bor por mor dor tor
for lor sor cor gor

ur pur mur dur tur sur fur

N° 57. — Applications.

1 Mar di, mar bre, gar de car don, co carde, char bon char la tan, rem part, ba zar

2 Pu nir, re te nir, gar nir, par tir, sen tir, men tir

3 ma jor, cor don, Mé dor dor mir, mor du, sor tir tor du, for tu ne, for ti fié

4 im pur, fu tur, sur tout

N° 58. — Phraséologie.

171 Une boî te de sar di nes.
172 Une co car de tri co lo re.
173 Une cor de de chan vre.
174 Une por te co chè re.
175 Un mar chand am bu lant.
176 Une ta ble de mar bre blanc.
177 Un parc de sa la de.
178 Le lion est fort.
179 Dé cou vrir u ne pla nè te.

N° 59. — Phraséologie.

180 Gra vir la mon ta gne.
181 Gar nir u ne cham bre.
182 Mou rir de faim, de froid.
183 Cou rir la cam pa gne.
184 Ob te nir un di plô me.
185 Le loup hur le dans les bois.
186 Dieu est par tout, il voit tout, il en tend tout.
187 La san té est pré fé ra ble à la for tu ne.
188 É vi tons de men tir, mê me en riant.

N° 60.

	al	**il**	**ol**	**ul**	
al	bal	pal	mal	tal	nal
	gal	sal	cal	val	chal
il	bil	pil	mil	fil	nil	vil
ol	bol	mol	col	fol	sol	vol
ul	mul	pul	vul	cul	

N° 61. — Applications.

1 Mé tal, to tal, bru tal, na tal hô pi tal, ba nal, fi nal, mati nal, tri bu nal, ar se nal car di nal, bal con, lo cal vo cal, cha cal, che val, ri val ru ral, ca po ral, ma ré chal ré gal, si gnal, a ni mal
2 pro fil, sub til, Clo til de
3 sol fié, sol da*t*, pa ra sol en tre sol, bé mol, ré col te
4 pul pe, cal cul, cul ti vé mul ti tu de, mul ti pli é

N° 62. — Phraséologie.

189 Vain cre son ri val.
190 Mou rir à l'hô pi tal.
191 Crain dre le mal.
192 Un pro pos tri vi al.
193 De la pul pe sè che.
194 U ne al lée é troi te,
195 U ne ré col te a bon dan te.
196 Un sol dat dé gra dé.
197 É vi tons le mal.
198 Le che val se mon tre in tré pi de.

N° 63. — Phrases.

199 Ne crois pas le char la tan.
200 Ne dis point de mal de ton pro chain.
201 Un vol can est u ne mon ta gne qui vo mit des flam mes.
202 Nous cul ti vons le lin, le blé, la vi gne, le ta bac, le col za, le chan vre, l'a voi ne.
203 Un lo cal hu mi de est mal sain.
204 Le cha cal est u ne sor te de re nard.
205 Le bé mol di mi nue la no te d'un de mi-ton.

Nº 64. — Tableau 8ᵉ.

ac	ic	oc	uc
as	is	os	us
af	if	of	uf

ac	bac	sac	lac	fac	tac	mac
ic	bic	pic	nic	ric	lic	vic
oc	doc	roc	loc	coq	choc	
uc	duc	suc	luc			
as	pas	mas	cas	bas	chas	
is	bis	pis	tis	vis	lis	chis
us	bus	pus	lus	mus	rus	
if	tif	rif	vif	nif	pif	dif

Nº 65. — Applications.

1 Cor nac, ha mac, co gnac
2 Vic tor, tic tac, dic tée, ar se nic
3 oc to bre, doc tri ne
4 suc, duc, ca duc, via duc
5 pas cal, mas tic, cas tor, as tre
6 bis cui*t*, pis til, lis te. gra tis
7 lus tre, mus ca de, ar bus te
8 ac tif, ca nif, ta rif, na tif, cap tif
    vo mi tif, pur ga tif
9 pos te, pos tu re, cap tu re, sub til

N° 66. — Phraséologie.

206 Un caractère jaloux.
207 Un flacon de cristal.
208 Un lustre de bronze.
209 Une boîte de biscuits.
210 Un kilo de mastic.
211 Suivre la dictée.
212 Un litre de cognac.
213 Prendre un purgatif.
214 Le mystère de la Sainte-Trinité.
215 Remplir le devoir pascal.
216 Pardonnons les offenses.

N° 67. — Phrases.

217 Le coq chante de grand matin.
218 Victor portera un sac de blé au moulin.
219 Ne dites point de paroles grossières.
220 Ne brûlons pas le cognac.
221 L'activité chasse l'ennui.
222 Ton nom figure sur la liste des prix.
223 Jules a cassé la lame de son canif.
224 Prendre une posture convenable.
225 Napoléon Ier est natif de la Corse.

34   **e** se prononce **é** dans les syllabes consonnantes.

N° 68.

	er	el	es	ec	ep
er	ber	per	mer	der	ter	ner
	fer	ner	ser	cher		
el	bel	mel	tel	sel	nel	rel
	pel	vel				
es	pes	mes	fes	res	des	
ec	bec	lec	sec	tec	fec	
ep	sep	rep	lep			

N° 69. — Applications.

1   Li ber té,   lan ter ne,   mer lan,   ver-
du re,   mer cre di,   ver tu,   ver glas
en fer,   fer mé,   ser vir,   ser van te
ter mi né

2   mor tel,   nou vel,   co lo nel,   ca ra mel
na tu rel,   cri mi nel

3   es pri*t*,   es pion,   es tra de,   es ca dron
res te,   pes te,   fes tin,   mo des tie

4   lec tu re,   in sec te,   bif tec*k*,   in fect

5   rep ti le,   sep tem bre

N° 70. — Phraséologie.

226 Un pé ché mor tel.
227 Un hô tel gar ni.
228 Ser vir de té moin.
229 Ob ser vons les com man de ments.
230 De ve nir co lo nel.
231 Res pec tons no tre par rain.
232 Dé tes tons le pé ché.
233 Ai mons la lec tu re.
234 Ser vir à boi re.
235 Le che val est ar dent et fier.

N° 71. — Phrases.

236 La chè vre brou te l'her be du pré.
237 La pou le dé fend sa cou vée de son bec et de ses on gles.
238 Fer mons nos fe nê tres a vant la pluie.
239 Les di man ches tu gar de ras En ser vant Dieu dé vo te ment.
240 Pen sons à nos fins der niè res.
241 No tre ser van te se lè ve de bon ma tin.
242 La lec tu re for ti fie l'es prit.
243 L'in sec te se ca che sous la ver du re.

N° 72. — Tableau 9e.

erre	elle	esse	ette

erre	verre	terre	ferre	serre	nerre
elle	belle	delle	melle	nelle	chelle
	pelle	relle	selle	telle	
esse	messe	resse	nesse	besse	chesse
	lesse	desse	fesse	tesse	
ette	dette	lette	nette	rette	chette
	nette	vette	zette		

N° 73. — Applications.

1 Terre, par terre, fu me terre, verre ton nerre, pa ra ton nerre

2 bre telle, ga melle, se melle, re belle fla nelle, pru nelle, sen ti nelle, ron delle, cha pelle, ba ga telle

3 ri chesse, con fesse, pro messe, po li tesse, a dresse, com presse, no blesse, sou plesse, tris tesse

4 bu vette, ga zette, toi lette, man chette, lor gnette, ta blette, Co lette

N° 74. — Phraséologie.

244 La terre est ron de.
245 Le ton nerre gron de.
246 Te nir sa pro messe.
247 U ne ron delle de biè re.
248 Li re la ga zette.
249 U ne cha pelle or née.
250 U ne toi lette mo des te.
251 Met tre u ne com presse.
252 U ne se melle dou ble.
253 Di re des ba ga telles.

N° 75. — Phrases.

254 La fla nelle ga ran tit du froid.
255 Al lons le di man che à la messe a vec nos ca ma ra des.
256 Lé o nie dé pen se tout son gain à sa toi lette.
257 Ma mè re a bu de la fu me terre.
258 Mon pè re a cas sé sa bre telle.
259 On a re pas sé mes man chettes.
260 La sen ti nelle gar de la pou dri è re.
261 Ma man m'a con duit à con fesse.
262 Ne per dons point de temps à des ba ga telles.
263 Le sol dat por te la ga melle.

N° 76.

our   oir

our   bour   pour   mour   dour   sour
         tour   lour   four   jour   cour
oir   soir   voir   loir   noir   toir
         choir roir   moir
         lour*d*   sour*d*   cour*t*

N° 77. — Applications.

1 Tam bour, la bour, bour se, bon-jour, tou jour*s*, a bat-jour, dé tour con tour, re tour, tour be, tour te four be, four che, four chette, se-cour*s*, cour se, con cour*s*, sour de sour di ne, ve lour*s*, lour de

2 Cou poir, es poir, mou choir, sé-choir, cra choir, per choir, ju choir la voir, de voir, sa voir, mi roir ti roir, par loir, sa loir, rou loir, cou loir, dé mê loir, bon soir, pres soir se moir, en to*n* noir

o	o	é	é	e	e
au	**eau**	**ai**	**ei**	**eu**	**œu**

No 78. — Phraséologie.

264 Du sa von noir.
265 Le dé clin du jour.
266 U ne four che de fer.
267 Un mou choir de po che.
268 Le ti roir de la com mo de.
269 U ne bon ne et cour te pri è re.
270 Un a bat-jour de fer-blanc.
271 Pri ons No tre-Da me de Bon-Se cours.
272 Mon frè re m'at tend au par loir.

No 79. — Phrases.

273 Pri ons le ma tin et le soir.
274 La pou le cher che la nour ri tu re pour ses pe tits
275 L'i vro gne rui ne sa bour se et sa san té.
276 Pri ons pour les vi vants et pour les morts.
277 La tour be est u ne terre com bus ti ble.
278 Le sa loir ren fer me des vian des sa lées.
279 Le tam bour mar che en tê te de la con fré rie.
280 L'hi ron delle se nour rit d'in sec tes, elle boit en vo lant.

No 80. — **Articulations doubles** et Récapitulation.

281 Ou vrir un pa ra pluie.
282 É ta blir un che min de fer.
283 Rem plir son verre.
284 Dé cou vrir u ne pla nè te.
285 Ac com plir son de voir.
286 Un bloc de pierre.
287 A voir le croup.
288 Le cou loir est un cor ri dor é-troit.
289 Le rou loir broie les pierres de la rou te.
290 Ju lie ap prend à cou dre à l'ou-vroir.

---

	a	b	c	d	e	f	g	h
i	j	k	l	m	n	o	p	q
r	s	t	u	v	w	x	y	z
	A	B	C	D	E	F	G	H
I	J	K	L	M	N	O	P	Q
R	S	T	U	V	W	X	Y	Z

o	o	é	è	e	e
au	eau	ai	ei	eu	œu

Lille, Imp. de Six-Horemans.

www.ingramcontent.com/pod-product-compliance
Lightning Source LLC
Chambersburg PA
CBHW070459080426
42451CB00025B/2801